Citoyens repréſentans, je commence par déclarer qu'avant le 18 fructidor, ma conviction étoit acquiſe ſur la conſpiration que ce jour a déjouée.

Je n'avo s pas beſoin des pièces que le Directoire a produites, ni de celles qu'il peut produire encore pour en démontrer l'exiſtence. Elles ſont bonnes pour ceux à qui il faut des preuves littérales & matérielles ; mais pour les hommes qui ont obſervé la marche & les effets de la révolution avec cette inquiétude & cette attention réfléchies qu'inſpire naturellement un grand intérêt , il ſuffiſoit d'avoir été témoins de ce que nous avons vu.

Depuis quatorze ſiècles, il exiſtoit en France une monarchie dont le pouvoir étoit devenu deſpotique. Autour du trône étoient une nobleſſe & un clergé nombreux & puiſſant qui , ſe croyant d'une nature ſupérieure & privilégiée , prétendoient, l'une au nom du roi, & l'autre au nom du pape, gouverner excluſivement la nation. Ces deux caſtes avoient pour elles une antique poſſeſſion fondée ſur des préjugés très-abſurdes à la vérité, mais que l'ignorance & l'habitude avoient profondément enracinés, & à la faveur deſquels elles accabloient la nation d'un joug auſſi aviliſſant qu'onéreux.

Cependant un concours de cauſes qui agiſſoient ſourdement depuis long-temps, produiſit tout-à-coup une inſurrection générale. Ce monſtrueux échafaudage d'orgueil, d'impoſture, de privilèges & d'oppreſſion , fut renverſé. La monarchie, limitée d'abord par une conſtitution mal combinée, fut entièrement anéantie, pour faire place au règne abſolu de la liberté & de l'égalité.

Cette grande révolution, en changeant tous les intérêts, en excitant toutes les paſſions, a donné naiſſance à des partis oppoſés qui ſe ſont fait conſtamment la guerre, & ſe la font encore. La maſſe de la nation s'étant prononcée contre l'ancien gouvernement , les chefs de la famille royale quittèrent bientôt la France, entraînant avec eux un grand nombre de mécontens preſque tous des deux caſtes ci-

A 2

devant privilégiées. Leur réunion forma ce qu'ils appellè-
rent la France *extérieur*. C'est là le parti vraiment royaliste,
puisqu'il ne tend à rien moins qu'à rétablir la monarchie,
la noblesse, le clergé, en un mot tout l'édifice de l'ancien
régime. Il s'est agité & s'agite encore dans tous les sens
pour réussir dans ses projets. Au dehors, il a tourmenté
tous les cabinets de l'Europe pour les intéresser à sa cause :
au dedans, il a constamment dirigé les efforts des mécontens. Mais quel a été son moyen le plus perfide, le plus
adroit, celui qui a toujours fait & fera toujours sa principale ressource ? C'a été de répandre des divisions & des
troubles dans l'intérieur, d'y amener la confusion, l'anarchie, d'y tourmenter, d'y fatiguer le peuple, & de pro-
fiter ensuite de ses maux & de sa lassitude pour lui imprimer un mouvement qui le reportât vers l'ancien état de
choses.

Le peuple embrassa d'abord la révolution avec beaucoup
de chaleur, parce qu'il étoit horriblement mal sous l'an-
nien régime, & que l'amour de la liberté est naturel à
l'homme. Tous les patriotes étoient alors à peu-près d'accord, parce qu'ils avoient à vaincre un ennemi commun
& très-puissant : mais dès qu'ils crurent l'avoir affoibli, &
enfin terrassé, ils se divisèrent entre eux. Les uns, également pleins de bonne foi & d'amour pour la liberté, n'étoient
partagés que sur les moyens de l'établir, & le plus ou moins
de latitude qu'il convenoit de lui donner dans un état tel
que la France. C'étoient là les vrais patriotes, mais qui malheureusement n'avoient ni la même étendue de lumières &
de connoissances, ni la même énergie de caractère. Les
autres, entraînés par leur intérêt & leurs passions, bien
plus que par le patriotisme, s'occupoient beaucoup d'eux-
mêmes, & très-peu de la chose publique. Les premiers,
toujours prêts à sacrifier leurs opinions & leurs prétentions
particulières à la volonté & à l'intérêt public, se sont constamment montrés énergiques ; mais sans cesser d'être to-
lérans & modérés : les seconds ont toujours été violens
& exclusifs.

CORPS LÉGISLATIF.

CONSEIL DES CINQ-CENTS.

OPINION

DE

BOULAY (de la Meurthe)

Sur les causes, la nécessité & les effets de la journée du 18 fructidor, & sur la proposition faite de la célébrer par l'érection d'un monument & l'institution d'une fête.

Séance du 3 Vendémiaire, an 6.

CITOYENS REPRÉSENTANS,

VOTRE commission, en vous proposant d'élever un monument & d'instituer une fête pour célébrer la journée du 18 fructidor, n'a pas eu, sans doute, pour but essentiel,

2   A

d'en éterniser simplement la mémoire. Cette journée appartient à l'histoire : il suffit qu'elle soit une des plus remarquables de la situation politique où nous a placés la révolution, pour que, sans monument & sans fête, elle se perpétue dans les annales du monde, comme un grand sujet d'étonnement pour la curiosité humaine, & sur-tout comme une leçon très-instructive pour ceux qui se chargent d'instruire & de gouverner les hommes.

Mais un monument & une fête destinés à rappeler à un peuple un événement extraordinaire le consacrent pour lui d'une manière spéciale, par des images vivantes & religieuses. Tous les sens en sont frappés, tous les cœurs en sont émus, & il en résulte pour ce peuple un effet plus général, plus senti, & par conséquent beaucoup plus utile que celui que produisent de simples annales.

C'est donc sous son rapport politique & moral qu'il faut examiner la proposition qui vous est faite ; & pour bien l'apprécier, on sent qu'il faut commencer par se faire des idées justes de la journée du 18 fructidor.

Elle a d'abord excité des sensations très-vives & analogues à la nature des caractères, des opinions, des craintes & des espérances des individus & des partis. Mais ce n'est pas uniquement aux passions que cet événement a dû donner matière, la raison & la sagesse doivent s'en emparer à leur tour comme d'un sujet important & précieux : c'est sur-tout dans cette enceinte qu'elles doivent le considérer sous ses différens rapports, afin d'en fixer le véritable caractère, & d'en faire sortir, & pour nous, & pour le peuple français, une grande & salutaire leçon.

C'est dans le dessein de concourir à cet heureux effet, qu'après avoir indiqué rapidement quelles ont été les causes du 18 fructidor, & montré la nécessité où s'est trouvé le Directoire de recourir à une mesure extraordinaire, & le Corps législatif de la sanctionner, je ferai sentir en quoi cette journée diffère des autres évènemens qui font époque dans la révolution, & sous quel point de vue elle peut donner lieu à l'érection d'un monument & à l'institution d'une fête.

Or, ces derniers ont eu & devoient avoir pendant long-temps beaucoup plus d'afcendant fur le peuple que les vrais patriotes. L'intérêt du peuple (& par ce mot, j'entends la maffe de la nation) eft le véritable intérêt public : rap-porter tout à cet intérêt, c'eft être citoyen, & vraiment populaire. Mais le peuple n'eft pas toujours éclairé fur fon vrai bien : on le trompe, on l'égare facilement, fur-tout quand il brife fes chaînes, & fort brufquement d'un long efclavage pour fe jeter dans la liberté. Il ne peut pas tout-à-coup fe dépouiller des habitudes & des vices qui l'avi-liffoient; fa raifon refte encore obfcurcie par l'ignorance & les préjugés. Une paffion paroît le dominer principale-ment, c'eft la haine des maux & des outrages qu'il effuyoit auparavant. Dans cet état, s'il arrive que cette haine foit encore aigrie par des réfiftances & des trahifons, fi elle eft exaltée par des têtes ardentes, & dirigée par des hommes perfides, elle peut fe porter aux plus grands excès de la vengeance & de l'injuftice, non-feulement contre fes enne-mis, mais plus encore contre fes amis.

Telle a été à beaucoup d'égards la fituation du peuple français pendant le cours de la révolution. Il fe montra d'abord paffionné pour la liberté : mais il n'en avoit pas, il ne pouvoit pas en avoir des idées nettes; il ne la voyoit guère que dans la deftruction de tout ce qui tenoit à l'an-cien régime, ne connoiffant pas bien ce qu'il convenoit de lui fubftituer. Les maux dont ce régime l'avoit accablé, étant encore récens, c'eft par la haine qu'il en avoit con-çue qu'il étoit le plus facile de l'entraîner; & c'eft par-là qu'on s'en empara. Les amis de la vraie liberté, les patriotes fincères eurent bien rarement fur lui l'afcendant qu'il eût été à defirer qu'ils confervaffent toujours. Des hommes bien intentionnés fans doute, mais peu éclairés, eurent fouvent la préférence, en lui préfentant des idées exagérées & fauffes. Ils étoient fupplantés à leur tour par d'autres hommes qui, dévorés d'ambition ou d'avarice, ne cherchoient qu'à flatter fes paffions, comme le plus fûr moyen d'en accaparer la faveur. Mais ſes plus cruels ennemis furent ceux qui, guidés par la perfidie, & couverts du maſque du patriotiſme, n'ayant jamais dans la bouche que les mots qui pouvoient l'aigrir & l'exaſpérer, le pouſſèrent d'excès en excès, & amenèrent enfin le règne du brigandage & de la barbarie.

Vous ſentez, citoyens repréſentans, que je veux parler de ce régime qui ſera célèbre à jamais ſous le nom de gouvernement révolutionnaire, le régime de la terreur. Mais ſi j'en parle ici, ce n'eſt pas, comme on le faiſoit naguère dans cette enceinte, & comme les lâches partiſans de l'ancien régime le font continuellement, ce n'eſt pas dans l'intention criminelle de confondre la liberté avec la terreur, & les vrais patriotes avec les terroriſtes : non, non, je connois trop bien, je déteſte trop cet excès d'injuſtice & de perfidie. Mais je rappelle cet affreux régime pour faire ſentir que, s'il a été de la part du peuple l'effet de l'ignorance, de la part de quelques patriotes l'effet d'un zèle imprudent & aveugle, c'eſt ſur tout à l'atrocité froidement calculée des chefs & des partiſans de la tyrannie royale qu'il faut l'attribuer.

Oui, j'ai toujours ſoutenu, & je ſoutiendrai toujours cette importante vérité dont je ſuis profondément convaincu. Et certes, il ne faut qu'un peu de bon ſens pour en être pénétré. Quel étoit en effet le meilleur moyen de faire regretter l'ancien régime, & d'en favoriſer le rétabliſſement ? N'étoit-ce pas de rendre le nouveau tellement odieux, qu'il fît oublier les abus de l'ancien ? Or, quoi de plus propre à produire ce réſultat, que ce qui s'eſt paſſé au milieu de nous ſous le régime révolutionnaire ? Tout ce qu'il y a de plus eſſentiel au maintien de l'ordre ſocial, tout ce qu'il y a de plus ſacré dans l'opinion des hommes, n'a-t-il pas été attaqué & foulé aux pieds avec un mépris, avec une fureur épouvantable ? N'avons-nous pas été accablés de tous les maux, de toutes les humiliations, de tous les genres de crimes ? Et remarquez bien que tout cela ſe faiſoit au nom de la liberté, de l'égalité, de la souveraineté du peuple. Et pourquoi? parce qu'on vouloit les rendre odieuses à jamais, en les présentant comme les causes de la licence, du brigandage, en un mot du malheur & de la dissolution de toute société. Voilà, dis-je, ce qu'on se proposoit en nous jetant dans les excès du régime révolutionnaire, & voilà malheureusement l'effet qu'on a produit sur une partie de la nation. Il en est résulté une crainte, une sorte de maladie générale, qui est devenue entre les mains du royalisme le ressort le plus dangereux.

Le 9 thermidor prépara la chûte du gouvernement révolutionnaire, & occasionna un mouvement rétrograde. Il falloit que ce mouvement eût lieu, puisqu'il étoit impossible, sans se dévorer tous successivement, de rester dans l'horrible situation où l'on étoit. Les vrais amis de la liberté le favorisèrent d'abord, en combattant avec énergie, & toujours avec succès, les efforts qui furent faits en différens temps pour rétablir cet exécrable régime, ou du moins pour en conserver les restes. Mais tout en luttant, d'un côté, contre les partisans aveugles ou perfides de ce régime, il falloit, d'un autre côté, qu'ils arrêtassent la violence de ce mouvement, qui par la nature des passions humaines, & par la rapidité que le royalisme vouloit lui imprimer, pouvoit nous rejeter dans l'extrême opposé.

C'est au milieu de cette lutte pénible qu'on vit paroître la constitution de l'an 3. Elle fut acceptée à l'unanimité, & on ne peut douter que ce n'ait été de très-bonne foi de la part de la grande majorité de la nation, comme un moyen de terminer enfin la révolution, & d'assurer le règne de la liberté & de l'ordre.

Mais si on fut d'accord sur la constitution, on ne le fut pas à beaucoup près sur les décrets des 5 & 13 fructidor. Il y eut, à cet égard, dans toute la République un grand déchirement d'opinions. Le 13 vendémiaire termina cette guerre intestine, mais en laissant dans beaucoup d'esprit un ferment d'aigreur & de vengeance. La loi du 3 brumaire parut, & fut une nouvelle source de division.

C'est dans ces circonstances que le gouvernement constitutionnel fut installé. Le choix des membres du Directoire, celui des ministres, celui des agens du gouvernement, tout fut présenté comme l'ouvrage odieux d'une faction dangereuse. Cependant, il falloit soutenir une guerre immense, & il n'y avoit pas un sou dans le trésor public. Des opérations de finances, véritablement forcées, ajoutèrent encore au bouleversement des fortunes : tout concouroit donc à faire un grand nombre de mécontens.

Dans cette situation de choses, le royalisme, que l'établissement de la constitution sembloit avoir abattu, se releva plus que jamais, & conçut l'espoir de l'étouffer dans son berceau. Le grand point pour lui étoit d'abord de dépopulariser le gouvernement, &, pour cela, il se servit habilement, dans toute la France, des circonstances pénibles dans lesquelles on se trouvoit.

Mais, quel fut son principal ressort, le point de ralliement de ses combinaisons les plus perfides & les plus sûres ? Ce fut le parti d'opposition qui se manifesta dans le Corps législatif, & dont les chefs étoient aussi ceux d'une société devenue célèbre sous le nom de *Clichy*. On sait que cette réunion s'étoit formée dans le sein de la Convention après le 9 thermidor, & que son but avoit été d'écraser les restes de la faction décemvirale. Pour en venir plus facilement à bout, elle fut quelquefois obligé d'appeler à son secours les royalistes, & on conçoit facilement comment il put dès-lors se former une sorte d'affinité entre ceux-ci & quelques-uns des chefs de Clichy. D'ailleurs, il leur arriva ce qui arrive presque toujours dans tous les partis qui prétendent à la direction exclusive des hommes & des évènemens ; l'orgueil, la vanité, l'ambition, les rivalités, les haines, les corrompirent insensiblement, & leur donnèrent une direction réactionnaire. Ces funestes dispositions, qui n'auroient pas dû survivre à l'établissement de la constitution, s'aigrirent bien davantage par la nature des choix qui furent faits pour les premiers emplois du gouvernement. Jusqu'au 13 vendémiaire, les chefs de Clichy avoient eu la grande influence au dedans & au dehors de la Convention. Mais à cette époque il se fit un revirement d'opinions & de majorité, au moyen duquel toutes les prétentions, toutes les vues des meneurs de Clichy échouèrent complètement. Pour peu qu'on ait de connoissance du cœur humain, on conçoit encore comment un espoir si cruellement trompé se changea naturellement en aversion contre les gouvernans, & comment de ce grouppe de mécontens il se forma dans le Corps législatif un parti d'opposition très-mal intentionné. Ce parti, dont le noyau, comme on voit, n'étoit d'abord que d'ex-conventionnels, se fortifia par les mauvais choix qui se firent dans l'élection des députés du premier tiers. Dans cette élection, qui fut généralement bonne, il se glissa des royalistes décidés. On y vit aussi reparoître des hommes qui, ayant figuré avec éclat dans la législature de 1792, & s'étant trouvés au 10 août dans le parti vaincu & proscrit, apportoient dans le Corps législatif plus d'un genre de contrariétés, sur-tout en y revoyant des hommes qui avoient été du parti qui fut alors vainqueur. Ces deux espèces de députés se réunirent naturellement au parti d'op-position dont je viens de parler.

Or, on conçoit avec quel empressement le royalisme le circonvint par tous les genres d'artifices & de séductions, & lui prêta l'appui de toutes ses ressources: son but, en cela, étoit de détruire le gouvernement; mais, ne se sentant pas assez fort, il avoit besoin de se masquer avec beaucoup d'art. Convaincu qu'un excellent pas à faire étoit de renverser d'abord les gouvernans, & trouvant des hommes assez aigris pour le tenter, il s'unissoit fortement à eux en paroissant n'avoir d'autre but que le leur.

Cependant, la grande majorité du Corps législatif sentoit la nécessité non-seulement de maintenir la constitu-tion, mais d'environner le gouvernement & les gouvernans d'une grande force morale & politique: cette considération étoit si frappante, que le parti de l'opposition fut souvent obligé d'y céder. Voyant la disposition générale des esprits, il comprit qu'il devoit s'envelopper de beaucoup de circonspection & d'hypocrisie. Il se couvrit du masque de la constitution ; il mit en avant les grands principes de justice & de liberté, bien persuadé qu'avec ce ton de sévérité, il rallieroit à lui tous les rigoristes, tous les hommes de bonne foi qui n'étoient pas à portée de démêler ses vues particulières, & réussiroit au moins à dépopulariser les gouvernans dont la conduite, dans une position si nouvelle & si embarrassante, devoit nécessairement fournir beaucoup d'alimens à la censure.

Ce parti de l'opposition paroissoit donc souvent le plus juste & le plus courageux ; il étoit d'ailleurs le plus brillant par sa nature : il n'est donc pas étonnant qu'il ait eu quelquefois la majorité dans le Corps législatif ; & peut être l'auroit-il conservée plus long-temps sans les indiscrétions de quelques-uns de ses orateurs ; indiscrétions qui, dessillant les yeux de tous les hommes de bonne foi, rejetèrent la majorité dans le parti franchement constitutionnel.

Cependant, tout en perdant la supériorité dans le Corps législatif, le parti de l'opposition ne la perdoit pas au dehors ; il n'y gagnoit pas même tous les jours davantage. Le royalisme s'agitoit dans tous les sens pour l'augmenter : une foule de journaux le présentoient par-tout comme le plus ferme soutien de la constitution, comme le défenseur intrépide des principes, de la justice & de l'humanité.

C'est sous le prétexte spécieux de rétablir dans toute leur pureté le règne de ces principes, que ce parti demanda le rapport de la loi du 3 brumaire. Il y eut à cet égard dans le Corps législatif une grande & solemnelle discussion, à laquelle toute la nation prit le plus vif intérêt. Le gouvernement, sentant la nécessité de maintenir cette loi, crut devoir se prononcer hautement pour sa conservation. Cependant, malgré cette espèce d'intervention, le parti qui vouloit le maintien de la loi ne put triompher complètement, & fut obligé de faire des concessions importantes au parti opposé, qui avoit pour lui l'éclat des principes & le torrent de la faveur.

Ce que l'opposition obtint de plus avantageux fut le rapport de l'article 10 de la loi. Comme cet article étoit la seule disposition légale qui avoit fait revivre les lois de déportation & de réclusion contre les prêtres insermentés, son rapport pur & simple fut interprété, avec assez de raison, comme leur donnant la faculté de rentrer en France, & de reparoître hautement. C'étoit assurément la meilleure avant-garde du royalisme ; & on sent avec quel zèle ils servoient cette cause, qu'ils ne séparoient pas de la leur. Sous le prétexte séduisant pour la foule ignorante & crédule de rétablir *la religion de nos pères*, ils répandoient dans la masse du peuple le poison contre-révolutionnaire.

C'est dans cette situation des esprits que les dernières élections se firent.

On vit paroître par-tout dans les assemblées primaires une foule d'hommes qui avoient affecté de ne s'y montrer jamais ; & quels hommes ? C'étoient précisément ceux qui s'étoient constamment signalés comme les ennemis du nouveau régime.

Telle étoit déja la corruption de l'opinion publique, que presque par-tout ils eurent la prépondérance, & que, remplissant en grande partie les corps électoraux, la plupart des choix furent leur ouvrage.

On peut réduire à l'analyse suivante le nouveau tiers députté au Corps législatif. La minorité étoit des patriotes prononcés ; une portion plus nombreuse étoit des royalistes la plupart forcenés ; la portion intermédiaire, ayant sans doute de bonnes intentions, mais point de caractère décidé, & peu de connoissance de la situation des choses, étoit très-propre à se laisser égarer par un parti entreprenant & adroit. Qu'arriva-t-il ? les royalistes, à peine arrivés, coururent se jeter dans le parti de *Clichy*. Plusieurs autres s'y réunirent de bonne foi, croyant y trouver un foyer de lumières & de

A 6

fageſſe, & le meilleur guide de leur conduite. Il eſt certain que, dès avant le premier prairial, ce parti avoit ſu, par tous les moyens poſſibles, accaparer la grande majorité des nouveaux députés.

Ce jour, *ce grand jour, ce jour tant déſiré*, parut enfin. Que vit-on dans l'aſſemblée? un parti impétueux, mena-çant, inſultant, ne ſouffrant aucune contradiction, acca-blant de huées, d'injures, & quelquefois de voies de fait, tout ce qui avoit l'air de vouloir lui réſiſter. A la vue de ce torrent pouſſé par l'eſprit de vengeance & de deſtruc-tion, il fut facile à tous les obſervateurs de prévoir que la tranquillité publique alloit courir de grands dangers; les royaliſtes ſe crurent aſſurés du ſuccès, & les amis de la li-berté ne purent ſe diſſimuler qu'elle étoit menacée d'un péril imminent.

Citoyens repréſentans, je n'ai pas le projet de déve-lopper ici dans tous ſes détails le plan contre-révolution-naire que vous avez vu ſucceſſivement ſe dérouler dans cette enceinte. Je n'en rappellerai que quelques traits principaux, non pas pour vous qui en avez été les témoins, mais pour ceux qui n'ont pas été à portée de les ſuivre; car c'eſt de cette tribune que la vérité doit partir & répandre au loin ſon influence.

Voyons d'abord quelle étoit la poſition du gouvernement & de la République à l'époque du premier prairial.

A la vérité, le Directoire exécutif, chargé de mettre en activité un gouvernement nouveau, & s'étant trouvé dans des circonſtances prodigieuſement difficiles, avoit pu com-mettre des erreurs & des fautes. Mais ſans compter ce qui doit toujours être attribué à la force des choſes & à la nature humaine, ſur-tout dans une ſituation auſſi embarraſſante, ces fautes & ces torts n'étoient-ils pas compenſés, & bien au-delà, par de grands & d'utiles réſultats? La tranquillité intérieure avoit été menacée par des factions contraires; il les avoit également comprimées, & nulle ſecouſſe n'avoit eu lieu. La guerre avoit été conduite avec une activité & des ſuccès miraculeux. Les ennemis, écrafés de tout côté, fe croyoient heureux que nous voulussions confentir à la paix. Au dedans, le papier-monnoie étoit tombé doucement pour faire place à la circulation du numéraire métallique, qui reparoiffoit partout affez abondamment. Le commerce, tous les genres d'induftrie, n'attendoient que la paix pour fe déployer avec énergie. Enfin, tout annonçoit un avenir heureux ; &, certes, le Directoire devoit être confidéré comme ayant une part éclatante à cette amélioration de chofes.

Dans cet état, que devoit faire le Corps légiflatif? Suivre le mouvement donné, & marcher, de concert avec le Directoire, vers la félicité publique. Sans doute, c'étoit le vœu bien fincère de la majorité ; mais ce n'étoit pas celui du parti qui la tyrannifoit. Renverfer le Directoire pour renverfer enfuite le gouvernement, c'étoit-là ce qu'il vouloit. Que c'ait été fon projet, c'eft ce que démontrent bien fenfiblement les diverfes pièces déja connues & celles qui le feront bientôt du public ; c'eft ce que favent très-bien ceux qui ont été à portée de connoître les vues & de recueillir les aveux des principaux chefs de ce parti. Mais, je le répète encore, indépendamment de ces différentes preuves, il en eft une qui doit faifir tous les hommes de bon fens ; tous ceux qui, dans le calme d'une raifon éclairée & pure, ont obfervé les caufes & les progrès de la révolution, & ont réfléchi fur les moyens par lefquels on peut la faire rétrograder jufqu'au rétabliffement de l'ancien gouvernement. Si ces moyens font précifément ceux qu'employoit le parti dont nous parlons, s'il eft même impoffible d'expliquer fa conduite en lui donnant un autre but que celui de la contre-révolution, fi c'étoit-là le réfultat naturel & forcé de fa tendance, de fa marche foutenue, il doit en réfulter pour tout homme impartial & raifonnable une preuve fuffifante pour motiver fa conviction. Or, il ne faut pour cela que confidérer attentivement le plan que ce parti avoit adopté, & qui auroit peut-être réuffi, ou qui, du moins, eût été plus dangereux s'il ne l'eût pas pouffé avec un acharnement, avec une fureur mélée fouvent d'extravagance,

Citoyens repréſentans, depuis long-temps il étoit démontré à tous les partiſans de la contre-révolution, qu'il étoit impoſſible de l'opérer par la force des armes. Le courage des François, les triomphes de nos armées étoient une preuve ſans réplique que l'Europe entière, conjurée contre nous, ne pourroit jamais nous faire oublier le grand principe de l'indépendance & de la ſouveraineté nationale, & nous forcer à rétablir un gouvernement que nous avions proſcrit. C'eſt donc par la guerre inteſtine, par la corruption de l'opinion publique, qu'il falloit nous attaquer. Il falloit donc, d'un côté, affoiblir par degrés & faire enfin haïr les principes de philoſophie & de liberté qui avoient amené la révolution, &, de l'autre, rendre aux antiques préjugés leur faveur & leur conſiſtance. Il falloit ſur-tout avilir ou rendre odieux les auteurs & les partiſans du nouveau régime, leur ſubſtituer inſenſiblement & faire enfin reparoître avec éclat tous les hommes qui en étoient les ennemis. Il falloit par conſéquent qu'une partie de ces derniers occupât les places & dirigeât ſans ceſſe vers ce but l'influence morale & politique qui étoit à leur diſpoſition. En conduiſant ainſi les eſprits & les choſes, il étoit à croire que la contre-révolution étoit infaillible.

Or, comme nous l'avons vu, ce plan, profondément combiné, avoit déja reçu une partie de ſon exécution au premier prairial; il n'étoit plus queſtion que de l'achever; & c'eſt de quoi le parti dont nous parlons étoit ſpécialement chargé. Il devoit d'abord s'aſſurer la majorité du Corps légiſlatif & la domination de la tribune; car il étoit ſûr par-là non-ſeulement de faire les lois, mais encore de donner aux eſprits la direction favorable à ſes vues : car ce n'eſt pas ſeulement ſur les décrets, mais plus encore ſur les diſcours que l'on prononce à cette tribune, & ſur la manière dont ils y ſont accueillis, que ſe forme & ſe dirige l'opinion publique. Or, vous connoiſſez toutes les eſpèces d'intrigues & de tyrannies que ce parti a conſtamment employées pour obtenir & conſerver la ſupériorité dans les deux Conſeils. Il étoit ſûr encore de l'avoir dans la plupart des autorités conſtituées, grace ſur-tout à la nature des derniers choix qui avoient été faits.

Une foule de journaux corrompus & perfides agiſſoit abſolument dans ſon ſens. Il avoit pour lui non-ſeulement les
royaliſtes décidés, mais tous les hommes corrompus, & par
cela ſeul naturellement ennemis du gouvernement républicain.

Je ne parlerai pas ici de ces êtres légers, oiſifs, connus
dans l'ancien régime ſous le nom de *petits maîtres*, & dont
Voltaire diſoit que c'étoit l'eſpèce la plus vile qui rampoit
avec orgueil ſur la ſurface de la terre; de ces hommes cher-
chant à ſe rallier tantôt ſous un coſtume & tantôt ſous un
autre, & croyant, avant le 18 fructidor, qu'ils alloient faire
la contre-révolution avec des cadenettes & des collets noirs.
Non, j'aime à penſer que le parti dont nous parlons, avoit
aſſez de bon ſens pour ne placer aucune confiance dans cette
eſpèce d'hommes qui ne fut jamais entreprenante qu'en
paroles & en inſolence; mais il croyoit, & avec raiſon,
trouver un appui plus aſſuré dans les prêtres romains & les
émigrés, les deux eſpèces d'hommes qui ſe font le plus
ſignalés par leur haine active contre la révolution, & les plus
intéreſſés à la renverſer totalement. Or, vous connoiſſez les
efforts de ce parti en leur faveur.

Ce n'étoit pas aſſez que les premiers euſſent la faculté de
rentrer & de reprendre leur ancien miniſtère : on vouloit
abſolument juſtifier toute leur conduite paſſée; on vouloit les
diſpenſer de toute eſpèce de ſoumiſſion aux lois de l'état;
on vouloit lever tous les ſcrupules qu'ils auroient pu avoir,
& les encourager hautement par un brevet de contre-révolution. Quant aux émigrés, déja deux réſolutions leur avoient
préparé de larges portes; d'autres projets étoient mis en
avant pour leur en ouvrir de plus larges encore. On ſait
d'ailleurs qu'une grande quantité de ces hommes-là s'étoit
gliſſée dans l'intérieur, & y reſtoit paiſiblement à l'abri de
ces idées de juſtice & d'humanité prétendues, dont on avoit
fait une eſpèce d'opinion publique.

A tous ces moyens on en ajoutoit un autre plus capable
encore de garantir le ſuccès : on ſavoit qu'à peine ſortie des
horreurs du gouvernement révolutionnaire, le ſouvenir de

ces horreurs étoit pour la nation françaife le fentiment le plus vif & le plus entraînant. Que faifoient les hommes dont nous nous plaignons ? ils qualifioient de jacobins, de ter-roriftes, tous ceux qui vouloient lutter contre eux. La réfif-rance la mieux fondée, la plus folidement, la plus paifible-ment motivée, ils la préfentoient comme une tendance au rétabliffement de la terreur. La vie la plus pure & les opi-nions les plus modérées, rien ne pouvoit vous fouftraire à leurs calomnies ; & cependant, (ô aveuglement ! ô fureur de l'efprit de parti !) ces hommes qui fe difoient les *honnêtes gens*, comptoient parmi eux, ils accordoient leur princi-pale confiance à des êtres dont la vie révolutionnaire étoit fouillée par tous les genres de crimes & de fcélérateffe ; que dis-je ? tous ne refpiroient que vengeance & profcription. Ils étoient les jacobins avoués du prétendant, & avoient érigé autour de cette tribune une nouvelle *montagne* non moins odieufe que celle de Robefpierre. Sa voix retentiffoit dans toute la France, & profcrivoit par-tout, fous les noms les plus odieux, les amis de la liberté.

C'eft ainfi que le royalifme, profitant habilement de fes combinaifons perfides, foulevoit la nation en fa faveur par le fouvenir & la crainte des horreurs dont il avoit été lui-même la caufe principale.

Mais fuivons le plan de ce parti deftructeur, c'eft fur le gouvernement qu'il dirigeoit fur-tout fon attaque. Il étoit parvenu à mettre dans fes intérêts deux directeurs, & à jeter la divifion dans le Directoire. Cette divifion feule étoit une calamité que tout bon citoyen auroit defiré d'étouffer à fa naiffance, ou de fouftraire au moins à la con-noiffance du public : or, on fe rappelle avec quel empreffe-ment on vint la dévoiler à cette tribune ; quel éclat, quelles couleurs fombres & terribles on lui donna : cela feul fuffi-roit pour mettre en évidence la perfidie de ceux qui le firent.

Difpofant ainfi de deux membres du Directoire, il ne reftoit plus à ce parti qu'à fe défaire des trois autres, d'une manière ou d'une autre. Il falloit d'abord les rendre odieux

& les empêcher de gouverner : on leur refufa donc tous les moyens de le faire, en leur enlevant les reffources pécuniaires, & en dépouillant fucceffivement le gouvernement de fes attributions conftitutionnelles. On trouvoit à cela deux grands avantages : le premier & le plus immédiat étoit d'enlacer plus facilement les directeurs ; le fecond, qu'on auroit fait valoir en temps utile, étoit de rendre fenfible la foibleffe conftitutionnelle d'un tel gouvernement, & la néceffité de le fortifier en le concentrant davantage. De là l'idée du rétabliffement de la royauté & du rappel du pretendant. Or, pour mieux tuer le gouvernement, on affectoit de vanter fes reffources & fa prérogative ; on foutenoit qu'elles étoient trop grandes & trop dangereufes, & qu'il falloit les reftreindre dans des limites plus étroites : de là les lois & les projets qui lui ôtoient fon autorité fur la force publique, fur la police intérieure ; de là l'idée d'envahir celle de Paris & même du rayon conftitutionnel, idée qui étoit bien certainement la leur ; de là ces éternelles déclamations contre ce pouvoir & la prétendue irrefponfabilité de fes agens, & le projet formé de les fouftraire abfolument à fon autorité, pour les mettre immédiatement fous la main du Corps légiflatif. Au milieu de tout cela, le Directoire, fous le nom odieux de triumvirat, étoit, fous l'influence & la protection de ce parti, infulté, accufé, calomnié fans pudeur & fans frein.

On fuivoit exactement contre lui le même plan qu'on avoit fuivi en 1792 contre le gouvernement alors établi. La reffemblance étoit frappante pour ceux qui rapprochoient les deux époques. Seulement en 1792 on vouloit renverfer le trône ; & ici c'étoit le gouvernement républicain. En 1792, on agiffoit contre une cour juftement fufpecte de détefter un régime qui l'avoit déja dépouillée d'un defpotifme devenu le premier de fes befoins ; ici, on attaquoit un gouvernement fondé fur les principes de la liberté, & à la confervation duquel fes dépofitaires étoient attachés par les intérêts les plus chers. En un mot, en 1792, c'étoient les républicains qui révolutionnoient, & ici c'étoient les royaliftes qui voûloient contre - révolutionner. Mais du refte, le plan , la marche, tous les moyens d'exécution, étoient ab-folument les mêmes. Encore un coup, ceux qui font un peu verfés dans la connoiffance des révolutions, & qui ont fuivi la nôtre avec un œil obfervateur, ne pouvoient pas s'y méprendre.

Mais le Directoire n'avoit pas l'envie de laiffer abattre le gouvernement, & de fubir le fort de Louis Capet. Depuis long-temps il avoit découvert & fuivi les trames du parti contre-révolutionnaire. Voyant qu'on étoit bien décidé à l'at-taquer il prenoit fes précautions , il arrangeoit fes me-fures, & difpofoit fes batteries. Quand il lui fut démontré que les chofes en étoient venues à ce point d'aigreur & de fermentation qu'une explofion étoit inévitable, il quitta brufquement la défenfive , prit à fon tour l'attitude mena-çante, & fit le mouvement extraordinaire du 18 fructi-dor, mouvement que le Corps légiflatif a fanctionné & régularifé.

Les hommes paffionnés ou avengles fe récrient & fe récrieront toujours contre cette mefure, qu'ils préfentent comme deftructive de la conftitution & des droits du peuple ; mais les amis de la liberté , les hommes vrai-ment fages, n'y verront jamais qu'un coup d'état, une mefure de fûreté générale devenue néceffaire.

Quelle étoit en effet notre fituation politique ? Au-dedans, les deux pouvoirs principaux, au lieu de marcher de concert , fe trouvoient dans une oppofition qui étoit un véritable état de guerre ; un Corps légiflatif voulant le bien & ne pouvant le faire ; défirant d'affermir la Répu-blique, & concourant tous les jours à fa deftruction ; tour-menté, tyrannifé, déchiré par les intrigues & les fureurs d'un parti qui lui imprimoit un mouvement directement oppofé à celui qu'il auroit voulu fuivre : un Directoire divifé lui-même, attaqué dans tous les fens, & réduit à l'impoffibilité morale & politique de gouverner ; l'opinion publique égarée & corrompue ; le peuple pouffé par une impulfion contraire à fon intérêt ; enfin tous les élémens de la discorde & de la guerre civile, commençant à se heurter & à produire un choc épouvantable. Au-dehors, des puissances ennemies qui naguères, se voyant circonscrites dans le cercle de Popilius, n'avoient plus d'espoir que dans notre amour pour la paix, devenues tracassières à la vue de nos divisions politiques, & croyant pouvoir se jouer impunément d'un gouvernement qui., occupé de sa propre défense, ne pouvoit faire ni la paix ni la guerre.

Il est donc évident qu'une telle situation ne pouvoit durer plus long-temps, sans nous exposer à une dissolution totale, & qu'un grand coup étoit nécessaire pour nous en arracher. Le Directoire ayant frappé ce coup, le Corps législatif devoit donc l'approuver; d'abord pour rétablir la marche entravée de la constitution, pour empêcher la guerre civile & l'effusion du sang; en second lieu, pour sauver la République. Qui pourroit douter, en effet, que si l'explosion s'étoit faite en faveur du parti qui menaçoit le Directoire, elle n'ait tourné toute entière au profit du royalisme? Ah! c'est une vérité qu'aucun homme éclairé & de bonne foi ne pourra jamais contester. Sans examiner ici si tous les meneurs de ce parti vouloient aller jusques-là, si quelques-uns d'entre eux n'auroient pas cherché peut-être à arrêter ou du moins à circonscrire le torrent, en accordant même qu'il y avoit entre eux des différences d'opinions & d'intentions comme de moralité, je dis que ce torrent auroit bientôt entraîné ceux qui auroient voulu lui opposer de la résistance; je dis qu'il auroit ramené au milieu de nous le prétendant, les princes, les émigrés, la noblesse, le clergé, en un mot les chefs, les appuis, tous les instrumens de l'ancien régime, qui n'auroit pu se rétablir & se soutenir que sur la proscription de toute idée philosophique & libérale, sur les cadavres de tous ceux qui auroient pris une part quelconque à l'établissement du nouveau régime. Ainsi nous retombions dans une abîme de calamités, & sous un joug plus humiliant & plus dur cent fois qu'auparavant; ainsi la nation française étoit couverte d'un opprobre éternel, & la liberté rétrogradoit peut-être pour des siècles.

Voilà les confidérations majeures & vraiment politiques qui devoient décider le Corps légiflatif à fanctionner le 18 fructidor, & qui juftifieront toujours cette journée, non-feulement aux yeux des amis de la liberté, mais de tous les hommes éclairés & impartiaux.

Sans doute, la conftitution a été un inftant, felon la belle expreffion de Montefquieu, *couverte d'un voile*; mais c'étoit pour la rétablir dans fa marche naturelle, c'étoit pour fauver le gouvernement républicain. Il n'y a pas de peuple plus ou moins libre qui ne préfente quelque exemple de ce genre. Et fi ces grands mouvemens entraînent quelque chofe d'irrégulier, d'outré, d'injufte même, dans les détails & les applications particulières, il ne faut l'attribuer qu'à la néceffité des circonftances & à ceux dont la conduite criminelle ou même imprudente a provoqué de telles mefures.

Mais la journée du 18 fructidor préfente un autre point de vue bien plus doux à confidérer : c'eft qu'elle n'a coûté aucune goutte de fang ; c'eft qu'elle s'eft faite paifiblement, fans qu'aucune faction ait été mife en mouvement, fans qu'aucune réaction ait eu lieu. Ce n'étoit pas un parti qui, pouffé par la fureur, vouloir en exterminer un autre ; c'étoient les principaux pouvoirs qui, chargés, en premier ordre, du maintien & de la tranquillité de la République, la voyant dans un péril imminent, ont fait ce qu'il falloit pour la garantir de fa diffolution.

Et voilà, citoyens repréfentans, ce qui fait le défefpoir des ennemis de la liberté. Que fa caufe ait triomphé, c'eft ce qui n'a pas dû les furprendre, ils font accoutumés à la défaite ; mais qu'elle n'ait pas été enfanglantée, qu'aucun tribunal révolutionnaire n'ait été érigé, qu'aucun échafaud n'ait été dreffé, voilà ce qui les déconcerte & doit les faire gémir. Oui, car jamais ils n'ont compté & ne pourront compter que fur les excès qui révoltent la raifon & l'humanité, & amènent enfin la deftruction des gouvernemens.

Quel est donc ce nouvel esprit, ce secret conservateur qui a présidé à la journée du 18 fructidor? C'est la modération; c'est cette force morale, la première des qualités dans la vie privée & dans la vie publique, cette vertu tant vantée par les anciens philosophes, par les sages de tous les temps; cette vertu que Montesquieu regardoit comme la première du législateur, comme la plus rare, même chez les grands hommes.

Quel est, en effet, le vrai caractère de la modération? C'est de n'aller à un but nécessaire que par des moyens rigoureusement nécessaires. Cette qualité suppose justesse dans les vues & dans l'exécution; elle ne s'allie bien qu'avec beaucoup d'étendue dans l'esprit, de noblesse & de fermeté dans le cœur; elle est essentiellement exclusive de toutes les petites passions, soit d'avarice, soit d'ambition, soit de vengeance, qui tyrannisent & déterminent les âmes ordinaires.

C'est sur-tout dans les révolutions que cette grande qualité est précieuse & nécessaire, & c'est précisément celle qui y a presque toujours le moins d'influence. Que dis-je? elle y est souvent décriée & proscrite, témoin ce qui s'est passé parmi nous dans les jours de stupidité & de barbarie du gouvernement révolutionnaire.

La journée du 18 fructidor doit donc être à jamais célébrée parmi nous, comme l'époque où la modération dans les dissentions politiques a commencé à se déployer & à répandre dans la République sa salutaire influence.

C'est uniquement dans ce point de vue que je crois qu'il seroit utile d'ériger un monument, & de consacrer une fête.

La vertu dont nous parlons ne peut être trop recommandée dans un gouvernement libre, & sur-tout chez un peuple naturellement vif & impétueux, & par conséquent disposé à recevoir les idées exagérées, & très-propre à être conduit rapidement d'un excès à l'autre.

Je me bornerois à décréter le principe, en renvoyant, pour le mode d'exécution, à la commission chargée de vous

préfenter un rapport fur les fêtes & les inftitutions républicaines.

Au refte, citoyens repréfentans, il ne fuffit pas d'avoir
fait le 13 fruĉtidor, il faut que tous les réfultats en tour-
nent au profit de la chofe publique. Voyez comme les
partifans de la tyrannie royale cherchent à s'emparer de cet
événement, & à lui donner une direĉtion & des couleurs
favorables à leurs vues. Ils fèment par tout des bruits alar-
mans, ils répandent fur-tout avec affeĉtation que le régime
révolutionnaire ne tardera pas à recommencer. En vain la
conduite du Direĉtoire & la vôtre font-elles la juftification
du contraire ; ils s'attachent à répandre cette idée, parce
qu'ils favent que le peuple français, affeĉté de cette crainte
comme d'une véritable maladie, aimeroit mieux encore
fe rejeter dans les bras d'un defpote, que de retomber fous
un régime auffi atroce & auffi aviliffant que celui dont ils
ne ceffent de le menacer. Mais ils ne réuffiront pas à l'é-
gater jufqu'à ce point. Nous répétons ici ce que nous avons
déja proclamé : nous maintiendrons uniquement le gouvernement conftitutionnel, proteĉteur des perfonnes & des pro-
priétés. L'affreufe terreur, la dévorante anarchie, font prof-
crites à jamais. On ne retombe pas deux fois de fuite dans
un état auffi horrible. Qui plus que le Corps légiflatif &
le Direĉtoire eft intéreffé à en prévenir le retour ? ne fe-
roient-ils pas les premiers immolés ? Que toute inquiétude
foit donc bannie d'un bout de la France à l'autre. Il n'y a
que des hommes perfides qui puiffent accréditer de pareilles
alarmes. Tous les bons citoyens, tous les hommes paifibles,
doivent être défabufés de ce fantôme, que le royalifme
met fans ceffe en avant, comme le plus fûr moyen de par-
venir à fon but.

Une vérité importante doit ici nous frapper, citoyens repréfentans ; c'eft qu'en général le peuple français eft fati-
gué de toute idée de révolution, & ne demande qu'à être
gouverné paifiblement. C'eft donc remplir fon vœu, c'eft
fatisfaire à fon befoin le plus preffant que de faire aicher la
conftitution & le gouvernement. Voilà ce dont nous fommes

chargés, & c'est ce qu'il faut remplir avec une conftance infatigable.

Le plus grand pas eft fait, puifque l'harmonie eft rétablie entre nous & le Directoire. Ici le royalifme exerce encore fa perfidie, en préfentant cette harmonie comme n'étant, d'un côté, que du defpotifme, & de l'autre, que de la fervitude. C'eft fous ce rapport qu'il avoit déja empoifonné l'idée fi jufte & fi politique en elle-même de l'ajournement du Corps légiflatif. Mais nous faurons le déjouer encore à cet égard. Oui, nous maintiendrons le concert qui, pour le bonheur public, doit régner entre les deux premiers pouvoirs; mais nous le maintiendrons avec l'indépendance & la dignité conftitutionnelles. Le Directoire ne trouvera plus ici d'ennemis, mais il y trouvera toujours des amis févères de la vraie liberté; c'eft elle qui préfidera déformais à nos délibérations. Cette noble liberté appelle la difcuffion; elle n'eft point ennemie de la contradiction, de l'oppofition; elle fouffre les écarts, & fait même, quand il le faut, fupporter le langage de la déraifon.

Ah! citoyens repréfentans, élevons nos regards vers le grand intérêt dont nous fommes chargés; confidérons le but de la révolution francaife, les facrifices de tout genre qu'elle nous a coûtés, l'influence qu'elle a déja eue, celle bien plus grande encore qu'elle doit avoir fur les générations préfentes & futures, & voyons de quelle refponfabilité nous fommes chargés. Nous ftipulons ici non-feulement pour le peuple français, mais pour tous les peuples de la terre; nous ftipulons pour la caufe honorable de la liberté, de cette liberé fi chère à la nature humaine, fi néceffaire à fa dignité & à fon bonheur. Nous en répondons à la France, à l'Europe au monde entier, à la poftérité: oui, voilà jufqu'où s'étend notre refponfabilité; loin de nous effrayer, elle doit enflammer notre zèle, & nous infpirer le plus entier dévouement.

Au refte, citoyens repréfentans, ce n'eft pas fur tel ou tel détail, fur telle ou telle faute particulière, que notre conduite fera jugée, mais par l'enfemble de nos opérations, par son influence heureuse ou funeste sur la condition du peuple que nous représentons, &, par contre-coup, sur celle de l'espèce humaine.

Réunissons donc nos efforts : que les passions particulières, les défiances, les petits ressentimens, disparoissent de cette enceinte. Marchons vers notre but avec un courage éclairé & inébranlable ; les ennemis de la liberté nous sont bien connus : sachons faire ce qui est absolument nécessaire pour la délivrer enfin de leurs attaques ; & soyons bien convaincu que jamais elle ne pourra périr qu'autant que ses amis manqueront d'union, de bon sens & d'énergie.

RÉSUMÉ.

Je vote donc pour qu'il soit arrêté en principe que le 18 fructidor sera célébré par un monument & une fête consacrés à la modération, & que, pour vous présenter le mode d'exécution, il soit renvoyé à la commission chargée de vous faire un rapport sur les fêtes & les institutions républicaines.

Je crois, en outre, devoir appeler l'attention de l'assemblée, & celle de tous les amis éclairés de la liberté, sur la solution des problêmes politiques suivans.

1°. Quelles sont les mesures *d'ostracisme*, *d'exil* & *d'exportation*, les plus convenables aux principes de justice & de liberté, & les plus propres à assurer à l'avenir le maintien de la constitution & de la République ?

2°. Y ayant entre le Corps législatif & le Directoire une opposition telle, qu'elle puisse entraver la marche du gouvernement & compromettre la chose publique, quel est le moyen politique & régulier le plus capable de prévenir cette crise, & de rétablir la marche constitutionnelle ?

A PARIS, DE L'IMPRIMERIE NATIONALE.
Vendémiaire an 6.

www.ingramcontent.com/pod-product-compliance
Lightning Source LLC
LaVergne TN
LVHW051131060726
842526LV00006B/2009